OBSERVATIONS

SUR LE

JUGEMENT RENDU A LA NOUVELLE-ORLÉANS

DANS L'AFFAIRE DU

TESTAMENT DE M. MAC-DONOGH

PARIS

IMPRIMERIE GUIRAUDET ET JOUAUST

338, RUE SAINT-HONORÉ

1853

OBSERVATIONS

SUR LE

JUGEMENT RENDU A LA NOUVELLE-ORLÉANS

DANS L'AFFAIRE DU

TESTAMENT DE M. MAC-DONOGH.

Nous avons lu avec surprise dans *New Orleans Weekly Delta* du 10 octobre 1852 un jugement rendu entre *Marie Murdoch* et autres contre les exécuteurs testamentaires de M. Mac-Donogh, affaire sur laquelle nous avons été précédemment consultés par la ville de la Nouvelle-Orléans, plaidant, avec la ville de Baltimore, contre les États de la Louisiane et du Maryland, et nous avons alors mis au jour, dans l'intérêt des villes légataires, un *Mémoire consultatif*, imprimé à Paris en 1851.

Ce n'était pas spécialement pour le procès avec les collatéraux que ce *Mémoire consultatif* avait été écrit : ce qui les regardait était concis, clair, du moins selon nous, et se trouve renfermé dans les pages 16 et 20 dudit Mémoire, presque comme un incident.

Mais le magistrat qui a prononcé a pris la cause d'une manière plus radicale. Il a déclaré le testament nul, non

pas en la forme, mais au fond ; et les nombreux motifs
dont la décision est précédée peuvent se réduire à un petit
nombre de propositions.

« 1° Les villes ne sont pas légataires, parce qu'elles
» n'ont aucun des attributs de la propriété, parfaite ou
» imparfaite ;

» 2° Le testament, selon le jugement, renfermerait
» des substitutions et des fidéicommis prohibés par le
» code de la Louisiane.

» 3° La constitution et les lois de l'Etat de la Louisiane,
» celles de l'Etat du Maryland, ne pourraient permettre
» la formation de la commission chargée d'administrer
» la succession ni la disposition relative aux pauvres :
» l'accumulation et l'inaliénabilité des biens de la succes-
» sion sont des conditions ruineuses pour le commerce,
» dangereuses pour l'État, contraires à la loi et à l'ordre
» public, et toutes ces conditions ne sont point de nature
» à être considérées comme non écrites ! »

De quoi le juge a tiré la conséquence qu'il n'y avait que
des dispositions testamentaires nulles, les a annulées, a
mis au néant la volonté de tester, a dépouillé les villes
d'un legs à titre universel considérable et envoyé les héritiers collatéraux en possession.

———

Il nous a semblé convenable, à nous, avocats français
précédemment consultés sur l'affaire, d'envoyer, s'il en
est temps encore, aux villes nos clientes, et, de notre
propre mouvement, quelques *Observations* sur un jugement qui nous a frappés d'étonnement.

Nous ne prétendons pas par là faire une pièce judiciaire ; elle le deviendra si notre cliente , la ville de la Nouvelle-Orléans , adopte ces observations et qu'elle les produise devant la Cour suprême ; jusque là, elles ne seront qu'un écrit privé.

Mais elles seront du moins un témoignage de l'affection des avocats français pour les intérêts dont ils sont chargés , un monument de leur amour pour la vérité judiciaire.

———

Nous n'oublierons en rien les égards dus au respectable juge qui a répandu dans son préambule les trésors d'une érudition universelle et variée. Outre notre respect profond pour tous ceux que leur mérite appelle aux pénibles fonctions de juge, outre notre respect pour le sanctuaire intime de la conscience, nous avons encore un sentiment personnel de reconnaissance envers le vénérable juge, M. Caleb, et nous ne nous attendions pas à trouver dans son long travail une honorable mention du *Mémoire consultatif* et de ses auteurs. Que cet imprimé soit un remercîment transatlantique d'un honneur aussi grand, auquel , tout précieux qu'il soit pour nous , nous aurions préféré d'ici la nouvelle du triomphe de notre cliente et de nos doctrines.

Nous ne prétendons pas non plus nous constituer en docteurs universels : de ce qu'on veut bien nous accorder une certaine suffisance en droit français , nous ne prétendons pas avoir étudié les lois de la Louisiane. Tout se borne de notre part à dire avec modestie : « Il y a des » principes de droit commun, d'un droit général et uni-

» versel qui règne en même temps sur toutes les nations
» policées, dont leurs lois particulières sont une applica-
» tion plus ou moins directe. Ces principes doivent servir
» à l'explication commune de tous les textes. » C'est un
de ces principes généraux que nous avons appliqué en di-
sant : *qu'un testament fait dans la forme consacrée par la
loi du pays doit être exécuté autant qu'il peut l'être, et
que toutes les conditions d'exécution, toutes les charges
contraires aux lois et à l'intérêt public, que l'esprit spé-
culatif ou systématique du testateur y aurait insérées, doivent être écartées* UT NON SCRIPTA, *sans porter atteinte à la*
VALIDITÉ DES LEGS A TITRE UNIVERSEL.

C'est cette proposition si simple qui fait la base du **Mémoire consultatif** : il n'en a été que le développement.

Cette proposition sera aussi la base de cet écrit, quand
nous arriverons à examiner les trois propositions extraites
ci-dessus du préambule du jugement.

Mais auparavant il nous semble utile de repousser un
préjugé que le juge semble vouloir introduire dans l'affaire.

Selon lui (et en cela il est vrai qu'il semble appliquer
un précédent impossible à vérifier pour nous), on ne devrait
jamais recourir à la législation française pour expliquer
une disposition du Code louisianien ; toujours on devrait
faire taire l'autorité des lois romaines, et puis il faudrait
rechercher l'esprit du Code louisianien dans les lois espa-
gnoles, ou, pour mieux dire, dans l'esprit particulier du
juge qui serait chargé de l'examen de l'affaire.

Notre réponse sera simple.

A la Louisiane comme chez nous, les arrêts ne statuent que sur des cas particuliers. Tout ce qui est dit par le juge avant le prononcé du jugement est affaire d'opinion, d'examen, de doctrine, mais n'est pas *res judicata* : donc ce qui aura été dit par M. le juge président Turtis dans l'affaire Duclos-Lange n'est pas un jugement, et le même magistrat, après y avoir mûrement réfléchi, peut avoir dit le contraire dans une autre affaire. Il n'y a eu de jugé que le *dictum*.

Or, si les arrêts, même dans leur *dictum*, ne statuent que sur des cas particuliers, il suffit de la moindre circonstance pour que l'affaire Mac-Donogh ait une différence individuelle profondément marquée avec l'affaire Duclos-Lange. Donc on ne peut appliquer la solution d'une espèce à la solution d'une autre espèce, à moins d'une parfaite identité.

Remarquez-le bien, il y a deux espèces de pays : *les pays de coutume* ou de *common law*, et nous reconnaissons que ceux-là peuvent invoquer les arrêts (*series rerum perpetuo judicatarum*), parce que la série d'arrêts conformes est une preuve de la coutume qui s'est introduite sur un point donné ; — et *les pays légiférés* (ceux qui se sont donné des Codes de lois positives, comme la Louisiane). Or ceux-ci ont dit positivement, par leur adhésion à un code particulier, qu'ils n'entendaient pas mettre leurs biens, leurs personnes et leurs droits à la merci du flot changeant et mobile de l'opinion ; que la loi était pour eux l'ancre de salut ; que, si des arrêts s'en écartaient, ces arrêts n'étaient *chose jugée* qu'à l'égard des parties, et que les arrêts suivants devraient se conformer à la loi : car *le pouvoir législatif ne peut subir de changement par le pouvoir judiciaire*, maître des citoyens, mais esclave de la loi.

Rien de plus clair, rien de plus vrai, la Louisiane est un pays légiféré.

Maintenant, comment interpréter le Code de la Louisiane, quand une disposition est tirée soit d'une législation, soit d'une autre ?

Evidemment, *non ratione imperii, sed imperio rationis*, par la manière d'entendre la loi chez ceux du code desquels la disposition se trouve empruntée. Par exemple, l'art. 1506 du Code louisianien est copié mot à mot de l'art. 900 du Code Napoléon ; il a été copié du Code Napoléon par gens idoines, sachant parfaitement quel sens on donnait en France à l'art. 900 de ce Code.... Donc, quoi qu'en ait pu dire un juge dans un cas spécial, il faut entendre l'art. 1506 du Code de la Louisiane comme on entend en France l'art. 900 du Code Napoléon.... Si cela n'est pas, il faut nier que la Louisiane ait un Code civil ; il faut nier qu'elle soit un pays légiféré ; il faut avouer qu'elle est soumise au bon plaisir de l'ordre judiciaire ; il faut avouer que le sens des mots et le raisonnement sont contraires dans les deux hémisphères. Ce qui n'est pas.

Ce préjugé écarté, qu'importe au procès la critique qu'a faite le juge, de M. Mac-Donogh et de son testament, de sa tendresse pour les étrangers, de son ostentation et de son indifférence pour sa famille !

Ni le magistrat, quelque élevé qu'il soit, ni les conseils, de près ou de loin, ne doivent oublier une chose : c'est qu'ils n'ont pas à juger les morts..... Ils ont à juger si un testament existe,

S'il est revêtu des formes prescrites par la loi,

S'il y a quelque loi qui l'annulle.

Là expire leur pouvoir.

La loi a promis de protéger les dernières volontés ; la loi a permis d'instituer des légataires universels et à titre universel.

Elle ne fait d'exception, dans les art. 1480 et 1481, que pour le cas d'existence de descendants légitimes ou de père et mère au temps du décès, et dit formellement, art. 1483 : « Qu'à défaut de descendants légitimes, et au cas » de prédécès du père et de la mère (ce qui est l'espèce » même), les dons entre vifs ou pour cause de mort peu- » vent épuiser la totalité des biens. » (V. le *Mémoire consultatif*, p. 16 et suiv.) Et parce que M. Mac-Donogh profite de la loi, et préfère à sa famille collatérale *Baltimore*, sa patrie natale, *New-Orleans*, sa patrie adoptive, et les institue chacune légataire à titre universel pour moitié, voilà que du haut d'un tribunal tombe sur son sépulcre l'anathème d'orgueil et d'insensibilité !

Ni les juges ni nous n'avons à le juger. Aucune loi ne nous permet de sonder les dispositions de l'âme. La loi a établi le mourant seul juge de ce qu'il avait à faire de ses biens. Nous n'examinons pas si ses sentiments étaient bons, tendres, s'il a fait justice ; et peut-être, si ces cendres froides s'éveillaient, apprendrions-nous quelles puissantes raisons lui ont fait préférer sa patrie à sa famille, assez éloignée pour que la loi lui ait refusé toute réserve légale !..... Ne cherchons pas ce que nous n'avons point à juger.

En lui-même le legs est honorable. Un homme sans famille a fait une puissante fortune. Tous ses biens sont libres ; il pourvoit aux besoins d'une sœur, mesquinement, si l'on veut, mais enfin il y pourvoit, là où la loi lui permettait de n'y pas pourvoir..... Puis, il institue pour légataires, à titre universel, deux villes auxquelles il doit le bienfait de la naissance et celui de la fortune. C'est là un testament honorable ; et, s'il n'y a pas d'autres raisons de l'annuller, le juge, organe de la loi protectrice des dernières volontés, ne peut pas l'annuller, sous prétexte de défaut de sensibilité.

Ceci posé, nous entrerons dans le fond de l'affaire et dans les trois reproches que le préambule de l'arrêt de la Cour de circuit adresse au testament de M. Mac-Donogh.

Commençons par la troisième proposition, et nous remonterons ensuite jusqu'à la première, laquelle serait destructive du droit de la ville de la Nouvelle-Orléans.

« La constitution et les lois de l'Etat de la Louisiane,
» celles de l'État du Maryland, ne pourront permettre la
» formation de la commission d'administration de la suc-
» cession ni la disposition relative aux pauvres : l'accu-
» mulation et l'inaliénabilité des biens de la succession
» sont des conditions ruineuses pour le commerce, dan-
» gereuses pour l'État, contraires à l'ordre public, et tou-
» tes ces conditions *ne sont point de nature à être consi-*
» *dérées comme non écrites.* »

Remarquons bien qu'il n'y a presque que ce dernier point que nous combattrons.

En effet, quelle avait été la question principale du *Mémoire consultatif?*

Il nous avait été demandé, sur un procès entre les États et les Villes, si *l'impossibilité légale* où se trouveraient les villes d'exécuter en certains points le testament de M. Mac-Donogh serait une cause suffisante pour opérer la translation du legs au profit des Etats..... Et nous avons répondu négativement, par la raison que M. Mac-Donogh nous paraissait avoir en certains points affecté le legs qu'il faisait aux villes, de conditions, modes et charges d'une impossibilité contraire aux lois et à la nature des choses. Nous avons signalé, comme contraire à la nature des choses (p. 82 du *Mémoire*), ce désir immodéré de faire augmenter sa fortune après sa mort par des placements progressifs des revenus des acquisitions à faire ; comme contraires à l'ordre public (p. 83 et suiv.), la nécessité de placer les revenus en biens de ville, et cette double administration qui prive les magistrats municipaux de l'exercice de leurs fonctions. Nous n'avons pas nié que, selon les lois des pays (p. 85), l'inaliénabilité absolue ne pût être une condition nulle, et nous avons encore signalé d'autres points sur lesquels M. Mac-Donogh nous paraissait avoir trop prévu.

Donc, non par toutes les raisons qu'en donne le juge, M. Caleb, en son préambule, mais par celles déduites au *Mémoire consultatif*, nous entrons dans l'opinion du juge que la charge imposée au legs à titre universel de la Nouvelle-Orléans et au legs à titre universel fait à la ville de

Baltimore de laisser percevoir les revenus de son *General Estate* pour augmenter la masse par des acquisitions, et diviser ce revenu en huitièmes pour en augmenter progressivement le fonds, jusqu'à ce qu'on puisse faire la division que le testateur médite pour les établissements d'éducation, et la ferme-école, et la maison de retraite des pauvres ; que la charge imposée d'un bureau général et central à la Nouvelle-Orléans et de commissaires pour la gestion des biens ; que l'exclusion des magistrats des villes de la gestion des biens de ville, etc., etc. *sont des conditions* que, pour la plupart, les lois de la Louisiane permettent ou prescrivent de regarder comme nulles.

Mais nous en tirons une conséquence toute contraire à celle du jugement.

Le jugement en tire cette conséquence « que *toutes ces conditions ne peuvent être réputées non écrites* » ; nous, au contraire, nous disons que la loi les annulle toutes, *pro non scriptis habentur.*

Où en seraient les dernières volontés des hommes qui ont un peu d'imagination, qui s'exagèrent tous la puissance de leurs biens, auxquels il semble que tout va s'incliner devant leurs commandements, si les difficultés d'exécution, les modes nombreux, les conditions qui empêcheront leurs testaments d'être exécutés à la lettre, détruisaient le testament ? La plupart des dernières volontés périraient !...

Or, un tel système serait contraire, non seulement à la loi de la Louisiane, mais à la loi du monde entier. La règle générale dans tous les temps, dans tous les lieux, c'est que la partie du testament qui peut subsister légale-

ment *subsiste seule et par elle-même ;* que les parties in-
exécutables, soumises à des conditions impossibles, s'éva-
nouissent ! *Utile per non utile non vitiatur.*

Pour bien faire saisir notre pensée, rentrons briève-
ment dans le fait et dans l'économie du testament.

« Après divers legs particuliers, le testateur donne, or-
» donne et lègue tout le reste, résidu et surplus de sa
» fortune immobilière et mobilière (*of my estate real and*
» *personal*), présente et future, tant ce qui lui apparte-
» nait au jour dudit testament que ce qu'il pourrait acqué-
» rir par la suite pendant tout le temps qui précéderait
» son décès et dont il mourrait saisi, de quelque nature
» que fussent les biens et quelque part qu'ils fussent si-
» tués, aux maire, aldermen et habitants de la Nouvelle-
» Orléans (sa ville d'adoption), et aux maire, aldermen et
» habitants de Baltimore (son pays de naissance), et leurs
» successeurs à toujours,— par portion égale d'une moi-
» tié à chacune desdites villes de la Nouvelle-Orléans et
» de Baltimore. »

Arrêtons-nous ici. Voilà un testament complet : voilà
la ville de la Nouvelle-Orléans légataire d'une moitié, la
ville de Baltimore légataire d'une seconde moitié des
biens que le testateur laissera à son décès ; — voilà toute
sa fortune distribuée, divisée en deux parties, à deux légataires universels, tous deux capables, tous deux corporations politiques, à qui les lois de l'Etat permettent de
recevoir par donation entre vifs ou testamentaire.

Ce sont là deux legs à titre universel permis et définis
par l'art. 1604 du Code louisianien (conforme textuelle-
ment à l'art. 1010 du Code Napoléon).

Ce sont là deux legs valables.

S'ils sont valables en eux-mêmes, ils demeureront valables quels que soient les charges, modes ou conditions dont ils seront affectés : *utile per non utile non vitiatur.*

Le lecteur intelligent sait bien qu'il y a une exception à la proposition absolue que nous posons, et que, si la charge du legs valable est une *substitution fidéicommissaire*, cette charge annullera le legs lui-même ; mais on ne peut tout démontrer à la fois, et bientôt nous démontrerons qu'il n'y a pas substitution fidéicommissaire.

Reprenons. Les charges, modes ou conditions qui affecteront ces legs à titre universel (autres que les substitutions), ne peuvent annuller ces legs universels valables :

Car, ou ces charges, modes et conditions sont valables, et, leur validité concourant avec la validité des legs universels, le tout est incontestablement valable.

Ou bien ces charges, modes et conditions sont impossibles, contraires aux lois, aux bonnes mœurs et à l'ordre public, et, en ce cas, ils sont nuls, réputés non écrits, entièrement inutiles ; mais le legs universel demeure valable : *utile per non utile non vitiatur.*

Ceci posé, continuons l'analyse dudit testament en la resserrant.

Le testateur exprime qu'il va soumettre cette entière masse de ses biens au paiement de plusieurs annuités ou sommes d'argent payables *par les légataires* de sa générale succession, à l'aide des revenus de la masse générale de ses biens.

Que fait-il en cela? qu'annonce-t il ? Il annonce qu'il va créer des charges qui pèseront sur les deux legs à titre universel.

Ainsi, même quand les dispositions qui vont suivre seraient toutes des *legs particuliers*, elles seront nécessaire-
ment des *charges* imposées aux villes qui viennent d'être
instituées légataires à titre universel.

Puis il annonce le louable but de divers desseins d'u-
tilité concernant les deux villes, et spécialement pour
l'établissement et entretien d'écoles franches dans lesdites
villes et leurs faubourgs, ce qui ne peut encore donner
lieu à aucune critique : car il n'y aurait rien que de moral
et de politique à voir les villes légataires à titre universel
employer autant qu'il serait en elles les richesses du testateur à encourager, établir et faire prospérer l'enseignement du pauvre, établir des écoles d'agriculture, et dimi-
nuer, s'il est possible, le fléau de la mendicité.

Enfin le testateur entre dans le détail de ses projets,
et, comme sa fortune n'est pas suffisante pour les accom-
plir, il s'ingénie à créer en la personne de ses exécuteurs
testamentaires une administration qui réalisera ses va-
leurs mobilières pour en acheter de nouveaux immeubles ;
puis il crée un commissariat et des agents pour faire va-
loir et administrer ces biens réunis, faire tous les actes
d'administration, les locations, les placements, recueillir
les revenus. Il divise ces revenus en huit parts, de manière à composer, non pas de sa succession, mais de sa
succession immobilière et de sa succession mobilière con-
vertie en immeubles par les soins des exécuteurs, un tout
qu'il appelle *General Estate*, et à affecter le *premier huitième* desdits revenus a fournir 25,000 dollars à la Société
américaine de colonisation des gens de couleur libres ; le
second huitième, à fournir 600,000 dollars pour établir

auprès de la Nouvelle-Orléans un asile pour les pauvres de tout sexe et de tout âge, sans distinction de couleur; le troisième, à fournir 400.000 dollars à la Société de protection des orphelins de la Nouvelle-Orléans, pour l'acquisition d'un fonds immobilier; le quatrième, légué sur le revenu de la ville de Baltimore, quand il aura atteint et composé 3,000,000 de dollars, pour établir une école d'agriculture; quant aux quatre autres huitièmes (même avant que ces quatre charges ou legs particuliers puissent être payées), ils seront partagés tous les ans par moitié entre les deux villes légataires à titre universel, pour l'établissement et l'entretien desdites écoles franches.

Et le testateur a soin de déclarer inaliénables les immeubles qu'il laissera à son décès, et ceux qui seraient acquis depuis son testament; il veut que, pour la création de l'Asile des pauvres, les revenus se convertissent en acquisition de terrains construits ou à construire à la Nouvelle-Orléans; que, pour l'Ecole d'agriculture de Baltimore, le fonds s'accroisse de même par des acquisitions successives jusqu'à une portion limitée des revenus, et cela afin que ces établissements à créer aient des revenus territoriaux qui suffisent à leurs dépenses actuelles.

Puis, pour éviter que les corporations de ville eussent le maniement des deniers, il a créé *un bureau principal et central* où seraient réunis tous les papiers relatifs à ses affaires, à l'asile des pauvres, au placement des deniers dus à la Société des orphelins, à l'Ecole d'agriculture de Baltimore, à la gestion du *General Estate* ou fonds pour l'éducation des pauvres; en règle la nomination par les conseils de ville; déclare que les corporations de ville auront la superintendance sur les commissaires, lesquels seront tenus de leur rendre annuellement compte de leur gestion et administration.... Il recommande de requérir l'*incorporation*, c'est-à-dire la formation en corporation autorisée tant de l'asile des pauvres et de la ferme-école que de son *General Estate*.

Tel est l'abrégé du testament.

Or dans toutes ces dispositions que pouvons nous voir, si ce n'est une suite de charges, modes et conditions imposées aux deux legs à titre universel (chacun pour moitié) faits aux deux villes dont il s'agit.

Les villes ont chacune d'une manière absolue la moitié de la succession de Mac-Donogh.

Tout ce qui suit *n'est que modification*.

Or dans le *Mémoire consultatif*, p. 30 à 43, nous avons prouvé que, dans l'art. 900 du Code civil français comme dans l'art. 1506 du Code civil louisianien, le mot CONDITION était un terme générique, comprenant dans sa signification « tout ce qui restreint l'étendue de la donation à l'é-
» gard du donataire, tout ce qui en altère, restreint ou
» diminue l'utilité. »

Ainsi, quand, après avoir donné moitié de ses biens à la ville de la Nouvelle-Orléans, le testateur donne à ses exécuteurs testamentaires le droit de convertir en immeubles son actif mobilier, il restreint par là l'usage que la ville pourrait faire de ce mobilier, et impose une condition ou modifie par une charge l'utilité du legs à titre universel.

Ainsi, quand il ordonne que la ville à qui le legs à titre universel est fait restera pendant un long temps sans jouir que de moitié dans les quatre huitièmes du revenu, parce que l'administration municipale est établie légataire à titre particulier de 600,000 dollars à prendre sur les revenus du *General Estate*, c'est encore là une charge qui, à tort ou à droit, modifie le legs à titre universel fait à la ville.

Jamais il n'a été douteux que, dans le sens étendu du mot, *lato sensu*, les legs à titre particulier ne soient des conditions et charges des legs universels. On n'a besoin, pour prouver ce qui se sent par soi-même, que de l'ancienne définition du legs particulier par Justinien : « *Lega-* » *tum, donatio testamento relicta* AB HEREDE *præstanda.* » Or tous savent que par les mots *ab herede* Justinien entendait, non le successeur *ab intestat*, mais l'institué à titre universel. Donc le legs particulier est une charge modificative, une condition du legs à titre universel; donc, si le legs particulier est inutile, contraire aux mœurs, aux lois, à l'ordre public, le legs particulier disparaîtra, mais le legs à titre universel, qu'il semblait affecter, subsistera seul et par lui-même : *utile per non utile non vitiatur.*

Donc, en tout ce qui peut être contraire à la constitution des États de la Louisiane et du Maryland, en tout ce qui peut être contraire aux lois et à l'ordre public (point que nous n'avons pas la prétention de résoudre, et qui demanderait une science approfondie du droit public de ces États), l'inaliénabilité absolue des biens, l'administration des établissements projetés par d'autres personnes que les membres des corps municipaux, l'accumulation des biens par acquisitions successives postérieures au décès, la formation d'un *General Estate*, qui se compose et des

biens de la succession et des biens acquis par les exécuteurs; les legs particuliers faits aux administrateurs
des villes, même dans l'intérêt des villes, pour l'asyle des
pauvres et la ferme-école; la nomination de commissaires
pour le *General Estate* afin de tout administrer : tout cela,
en tant qu'il y aurait impossibilité physique, morale ou légale d'exécution, tout cela doit disparaître comme non
écrit, *pro non scriptis habenda sunt.*

Vainement dit-on : « Ces conditions ne sont pas de na-
» ture à pouvoir être considérées comme non écrites ; elles
» sont essentielles ; elles forment la base et le fondement
» du legs ; elles sont le legs lui-même. Ecartez-les, tout
» croule par la base ; plus de legs !... »

Pure déclamation : *sunt verba et voces, prætereaque
nihil.*

Il reste d'abord les legs à titre universel : car, si une
portion des charges, modes et conditions s'évanouit, il
n'en reste pas moins la nomination des deux villes comme
héritières testamentaires.

Et puis serait-ce donc que les villes héritières fe-
raient plaider qu'elles veulent le legs sans les charges
légales ?

Est-ce que les villes viennent dire : « Nous n'entendons
pas consacrer de fonds à l'éducation des enfants pauvres ;
nous n'entendons pas concourir à l'extinction du paupé-
risme ; nous entendons nous décharger de toutes les charges et réclamer les biens ! »

Pas du tout; ce sont les collatéraux qui viennent dire
aux villes légataires à titre universel : « Vos cités sont bien
» à plaindre ; le testateur vous a chargées de conditions

» et de charges onéreuses, il a outragé vos officiers mu-
» nicipaux en indiquant un mode d'administration inso-
» lite; vous ne pourrez jamais remplir toutes ces con-
» ditions, parce que dans le nombre il y en a qui blessent
» l'ordre public : en conséquence, nous, collatéraux, qui
» sommes tendrement touchés de votre embarras, nous
» voulons en décharger les villes et appréhender ces biens,
» si malencontreux à la constitution du pays? »

Les villes répondent : « Nous sommes reconnaissantes
» envers le testateur; nous acceptons son legs; nous
» sommes prêtes à en exécuter les conditions autant
» qu'il sera en nous. Ainsi dès à présent la Nouvelle-Or-
» léans a la pensée municipale d'employer ces biens aux
» œuvres charitables indiquées par le testateur; la ville
» de Baltimore pense de même ; toutes deux ont la volonté
» d'améliorer l'enseignement des enfants pauvres, de se-
» courir la société des orphelins, de faire tout ce que les
» biens acquis permettront de faire pour l'enseignement
» de l'agriculture, pour l'abri des pauvres sans asile. Les
» villes connaissent leur devoir. Nous ne plaidons pas en
» ce moment pour être déchargées des charges et condi-
» tions des legs à titre universel. Si nous rencontrons
» dans l'exécution des impossibilités physiques ou légales,
» alors, mais seulement alors, nous prendrons les voies
» que nous ouvre la législation. Aujourd'hui tout se borne
» à nous défendre contre la fausse pitié des collatéraux,
» et à leur répondre : S'il y a des legs, des charges, des
» modes, des conditions impossibles, *pro non scriptis ha-*
» *beantur.*

En vain dira-t-on que, si le testateur n'avait pas cru que son testament fût exécuté à la lettre, il n'aurait pas fait ce testament.

Qui vous l'a dit ? Et de quel droit, en présence d'une dernière volonté qui investit les deux villes de la fortune du testateur, et en présence des deux villes qui protestent que leur intention est de se conformer, autant que la législation le permet, à sa volonté secondaire, « en conver- » tissant ses biens en moyens d'instruire le pauvre dans » la sagesse, et de le faire entrer dans le sentier de la » vertu et de la sainteté », viendrez-vous soutenir que la volonté du testateur ne sera pas exécutée autant que la puissance actuelle de ses biens le permettra ?

De quel droit aussi pouvez-vous supposer que celui qui a donné une destination à ses biens (en indiquant un moyen de les accroître après sa mort) ne leur aurait pas donné la même destination, d'après son cœur et sa volonté, si on l'eût instruit que cet accroissement était au moins douteux ? Notre volonté et notre imagination sont deux choses distinctes. La volonté de M. Mac-Donogh était principalement de donner aux villes et de les charger, sans accroissement de charges municipales, de pourvoir à l'éducation des pauvres ! Cette volonté subsistera et sera exécutée par les villes suivant la puissance des biens. S'il avait su qu'il ne pouvait pas faire des biens donnés une masse susceptible de s'accroître postérieurement à son décès, on doit croire qu'il n'aurait pas imaginé un commissariat de ce qu'il appelle son *General Estate ;* voilà tout. En conclure qu'il aurait changé sa volonté principale et qu'il en aurait écrit une contraire, c'est raisonner sans base et contrairement à une volonté légalement écrite.

D'ailleurs, s'il y a dans un testament des legs particuliers modificatifs d'un legs principal valable, s'il y a des modes, des charges, des conditions contraires aux lois et à l'ordre public ; s'il y a des conditions impossibles dans leur exécution, est-ce que l'art. 1506 fait tort au testateur en les déclarant *non écrites ?* Pas du tout. C'est la loi elle-même qui vient au secours du testateur. Elle suppose en lui ce qui doit être chez tous : le respect des lois, l'amour du pays, le désir de l'ordre public, la volonté de ne pas charger le légataire universel contre la puissance même du fait. — C'est par protection pour les défunts, c'est pour que leur volonté soit exécutée, au moins autant que faire se peut, que la loi toute-puissante efface ce que le testateur n'aurait pas dû écrire, *pro non scripto habeatur.* — *Utile per non utile non vitietur.*

Nous passerons à la seconde proposition du jugement : « Le testament renfermerait des substitutions et des fidéicommis prohibés par la loi de la Louisiane. »

Le jugement s'étend beaucoup sur cette proposition ; on y trouve une science vaste sur l'histoire du droit romain, l'origine des fidéicommis et des substitutions. Le *Mémoire consultatif* s'était restreint au strict nécessaire, p. 43 à 48.

Nous n'avons pourtant pas le dessein de faire sur ce point une longue note ; notre dessein se borne à relever ce que nous croyons une erreur. Jamais les commissaires du *General Estate* (et, en fait, nous ne croyons pas qu'il en ait été nommé) n'ont été des *trustees,* quoi qu'en dise le préambule.

Nous avons dit, p. 48 : « Nulle part, dans son testa-
» ment, M. Mac-Donogh n'a institué de *trustees ;* les com-
» missaires annuels ne sont pas des *trustees*, mais des
» administrateurs annuels qui n'ont même ni la posses-
» sion ni l'usage des choses qu'ils sont appelés à admi-
» nistrer. »

Et, là dessus, nous avons vu avec un étonnement profond cette réponse dans le préambule : « Les lois ne peu-
» vent être éludées par des mots ni par l'omission de
» certains mots. Si le testateur, par ignorance ou par
» calcul, n'a pas établi le véritable caractère de ses dis-
» positions, la Cour, s'attachant plutôt à la substance
» qu'à la forme, lui donnera le caractère que la loi lui as-
» signe. Si le testateur a créé un *trust*, la loi y verra un
» *trust*, malgré l'absence du mot. »

Qui en doute? C'est une vérité de tous les temps et de tous les pays que, si on donne à un acte une dénomination frauduleuse pour cacher un acte prohibé, la vérité judi-ciaire soulèvera le voile et qualifiera l'acte de son vérita-ble nom. Mais il n'en est pas moins vrai que, pour être *trustee* ou pour être grevé de substitution fidéicommis-saire, il faut être *propriétaire* de la chose grevée de resti-tution, qu'il faut en être propriétaire au moins *per fidu-ciam*. Or, comment veut-on que des commissaires *nommés annuellement* par les conseils de ville pour la gestion et l'administration générale ou particulière des biens soient *des propriétaires?* Ce sont les mandataires de ceux qui les ont nommés. Peu importe que leur administration soit étendue ou soit restreinte, le contrat qui les liera annuellement sera le contrat de mandat, pas autre chose. Ils n'ont aucun droit de propriété, et ne sont pas plus propriétaires des biens du *General Estate* que les membres du conseil de ville ne sont propriétaires des biens de la cité qu'ils administrent. Voilà ce qu'il y a en substance, et c'est une erreur inconcevable de voir là un *trust*, une substitution ou un fidéicommis.

Il y a encore erreur à voir un *trust* ou un fidéicommis perpétuel dans la circonstance que, d'après le testament, les biens, étant inaliénables, seraient, de génération en génération, administrés à toujours par des administrateurs nommés d'une certaine manière !..... Il ne s'agit point de générations, puisque les biens sont donnés aux villes, que les villes sont des corporations politiques et perpétuelles, du moins dans la pensée de leurs fondateurs. Elles traversent les générations sans les subir, et, comme leur vie est une vie d'administration, il faut bien que leur fortune soit administrée, d'année en année, pendant le cours de leur longue existence. Rien de tout cela ne ressemble au *trust* ni au fidéicommis perpétuel.

Donc, tout ce qui peut résulter de *l'inaliénabilité* et de la gestion perpétuelle ordonnée par le testament sera une condition qui peut être contraire aux lois de la Louisiane, mais qui sera réputée non écrite, et par conséquent qui laissera subsister les legs à titre universel.

D'ailleurs, qu'on le remarque bien, ni l'asile pour les pauvres, ni la ferme-école, ni le *General Estate*, n'ont jamais été *incorporés*; ils n'ont existé qu'en projet. L'a-

sile pour les pauvres, la ferme-école, ne sont même pas
légataires à titre particulier : c'est aux villes qu'ont été faits
les legs à titre particulier à prendre sur les revenus de partie
des biens composant leurs legs à titre universel; et le défunt n'a même jamais ordonné qu'on les incorporât; il en a
seulement exprimé le désir, ainsi qu'il est démontré au *Mémoire consultatif*, p. 63 à 67. Les villes ont toujours été
propriétaires pour elles-mêmes.

Réduisons donc cette affaire à sa plus simple expres-
sion. Un legs important est fait aux villes; le testateur en
indique l'emploi : instruction publique du pauvre , secours et abri pour les pauvres, école d'agriculture. —
Tous ces établissements seront des établissements appartenant aux villes. Donc, les dépenses et les charges à
prendre sur les legs à titre universel ou sur leurs revenus
seront faites et prises sur les biens mêmes de la ville qui
s'en sera dotée. Comment peut-on voir un fidéicommis
planant sur la ville, quand il n'y a qu'un emploi de deniers pour lui procurer un établissement d'utilité publique
et communale! Et quand plus tard la ville elle-même, par
égard pour la prière du testateur, aurait demandé l'incorporation de l'établissement qu'elle aurait fondé, cette ville
n'en serait pas pour cela devenue fidéicommissaire , puisque la cité profiterait de l'utilité de l'établissement, puisque l'établissement serait formé par la ville elle-même,
avec des deniers appartenant à la ville , pris sur une partie des revenus d'une fortune dont elle a la moitié comme
légataire à titre universel. Rien de tout cela ne ressemble
aux fidéicommis prohibés.

Il ne nous reste plus qu'à examiner la première proposition du préambule de l'arrêt : « Les villes (assure-t-il)
» ne sont pas légataires à titre universel, malgré les ter-
» mes formels de l'institution... » — Et pourquoi ? —
« Parce qu'elles n'ont ni la propriété *parfaite* ni la pro-
» priété *imparfaite* des biens qui leur ont été légués. »

Déjà nous avions exposé les principes généraux sur
cette matière dans le *Mémoire consultatif*, p. 49 à 55.
Nous l'avons relu, et sommes certains de n'avoir pas erré.

Le préambule de l'arrêt reconnaît que les termes de
l'institution confèrent la propriété par eux-mêmes : ils
sont trop formels pour être contestés.

Par conséquent il reconnaît implicitement le droit de
propriété, même parfaite, dans la personne des villes
légataires à titre universel, puisque, d'après l'art. 866 du
Code de la Louisiane, « la propriété des biens s'acquiert...
» par la succession testamentaire ; puisque deux héritiers
» institués à titre universel, chacun pour moitié, ont droit
» à eux deux à l'entière succession ; puisque, d'après
» l'art. 934, la succession est acquise, même à l'héritier
» testamentaire, du moment de la mort du défunt..... La
» loi n'excepte que le légataire à titre particulier, mais, s'il
» n'a pas la saisine, il n'en a pas moins, *du jour du décès*,
» un *droit à la chose* léguée (art. 1619). »

Pour nier que les villes aient la propriété, voici comment
procède ce préambule : Il dit que personne ne prétend que
les villes aient la propriété parfaite de la fortune à elles léguée, que les villes en revendiquent seulement la propriété imparfaite ;

Mais que, le testateur ayant voulu l'établissement, comme

personne juridique , d'*un bureau* auquel serait commise l'administration des biens formant le *General Estate.....,* il a exprimé le désir que le bureau seul eût le titre à la propriété, fût seul propriétaire pour tout ce qui concerne l'administration.

Donc les mots : *Je donne et lègue* ne peuvent pas produire leur effet légal ; donc cet effet légal est détruit par les dispositions relatives au bureau, puisque ces dispositions sont postérieures, quant à l'écriture, au legs fait aux villes.

Nous répondons :

1° Partout on divise la propriété en *proprietas plena aut minus plena,* en propriété *parfaite* et propriété *imparfaite,* c'est-à-dire dépouillée de quelques uns de ses attributs. Mais il faut prendre ces termes *secundum subjectam materiam,* et ne pas confondre les charges de faire, de payer, de laisser prélever sur les revenus, d'en faire tel ou tel emploi (charges *personnelles* imposées au légataire à titre universel), avec les charges *réelles,* qui sont un démembrement de la propriété elle-même. J'institue un légataire universel, et je le charge de payer une foule de legs particuliers ; je le charge même d'acheter des terrains, d'y faire des constructions et d'en faire tel emploi : est-ce qu'alors mon légataire universel n'aura pas la propriété *pleine et parfaite* des biens de ma succession ?

Évidemment oui ! Examinez l'art. 482 du Code de la Louisiane : « ... La propriété est pleine et parfaite... quand » elle n'est chargée d'aucun DROIT RÉEL envers d'autres » personnes que le propriétaire...... » Or la charge de legs particuliers, qui diminueront, il est vrai, l'utilité de cette fortune, qui donneront aux légataires particuliers le droit de demander la délivrance, de faire condamner le légataire universel à certains faits, et de le gêner par des actes conservatoires, ne saurait pourtant constituer le *jus in re* sur les biens de la succession. Un légataire universel, un légataire à titre universel, peuvent avoir beaucoup à payer, beaucoup à délivrer, beaucoup à faire, ils n'en seront pas moins *parfaitement propriétaires* des biens de la succession, à moins que le testament n'ait établi *un usufruit*, une servitude ou *autre droit réel*; auquel cas le légataire universel sera toujours propriétaire, mais d'une manière moins absolue, moins parfaite. Les actions personnelles n'altèrent pas le droit de propriété. C'est élémentaire.

Oh! dit-on, le testateur a voulu l'établissement d'un bureau comme d'une personne juridique pour la gestion des biens formant le *General Estate*...; il a donc par là même exprimé le désir que le bureau seul eût droit à la propriété ET FUT SEUL PROPRIÉTAIRE EN CE QUI CONCERNE L'ADMINISTRATION.

Tout ce qu'on peut penser, à de si longues distances, c'est que le journal qui contient cette phrase est inexact. Jamais *un administrateur* n'est propriétaire, et tout ce qu'on peut induire du fait du testateur, c'est qu'en investissant les villes du droit de propriété, et confiant l'administration du *General Estate* à un bureau *nommé par les villes*, il a désiré que les biens qu'il laissait aux villes fussent administrés dans l'intérêt des villes, par des administrateurs choisis par les villes, rendant compte annuellement aux villes propriétaires, mais sans confusion avec l'administration des autres biens de ces villes mêmes.

Voilà tout ce qu'on peut tirer de cette suite de dispositions minutieuses. Mais il n'y a point à en induire que les villes ne soient pas propriétaires de ce que le bureau et les commissaires sont appelés à administrer. Les commissaires du bureau ne sont pas plus propriétaires que les maire et aldermen ne sont propriétaires des biens des villes, pas plus qu'un tuteur n'est propriétaire des biens d'un mineur, pas plus enfin qu'un curateur à succession vacante n'est propriétaire des biens de la succession.

Le bureau sera, dit-on, une personne juridique... Pas du tout. Il sera *un comptable*; et nous avons prouvé au *Mémoire consultatif*, p. 62, que le testateur ne s'était servi que de termes *de prière* quand il a parlé de l'incorporation d'un bureau pour le *General Estate*, et qu'il ne l'a nulle part commandée ni ordonnée.

Si l'homme ne se survit pas à lui-même dans ce bas monde, on est prêt à convenir qu'il ne peut pas ordonner que le legs universel, dont les légataires ont la propriété, sera géré à toujours par un bureau nommé par ses légataires, et que ceux-ci doivent être, pour la gestion et administration, libres d'administrer ces biens-là comme leurs autres biens.

Mais que résultera-t-il de cette concession ?

Il n'en résultera qu'une conséquence : c'est que l'institution d'un bureau, en présence d'un conseil de ville, est une disposition contraire aux lois, qui désignent quels seront les administrateurs des biens de ville.

Si telle est la conséquence, l'institution dudit bureau est une condition *pro non scriptâ habenda.*

Donc elle s'efface du testament.

Donc l'argument ne subsiste en rien.

Quant au dernier argument, qui consiste à dire que la fin du testament déroge au commencement, c'est un sophisme : le testament institue les villes légataires à titre universel avec certaines charges exprimées à la suite du legs à titre universel.

Ou ces charges sont conformes à la loi, et il faut les maintenir,

Ou elles sont en tout ou en partie contraires aux lois, et il faudra les annuler en ce qui blesserait les lois du pays;

Et le legs à titre universel doit être exécuté avec les charges légitimes et sans les charges illégitimes, parce que toute charge est une condition d'un legs, ainsi qu'il a été établi plus haut, valable, si la loi ne s'y oppose ; non écrite et inutile, si la loi se trouve blessée.

COIN-DELISLE, *avocat à la Cour Impériale de Paris.*

DURANTON père, *professeur à la Faculté de droit de Paris.*

GIRAUD, *membre de l'Institut, professeur à la même Faculté.*

V. MARCADÉ, *ancien avocat à la Cour de cassation.*

NOTA. — On conçoit le sentiment de haute convenance qui a dû nous défendre de demander l'adhésion de M. *Delangle*, promu à la dignité de premier Président à la Cour Impériale de Paris.